FACULTE DE DROIT DE MONTPELLIER

RAPPORT

SUR UN PROJET

DE NOUVELLE ORGANISATION

DES ÉTUDES DE DROIT

Présenté à l'Assemblée de la Faculté de Droit de Montpellier

PAR

M. MEYNIAL, Agrégé

MONTPELLIER
IMPRIMERIE CENTRALE DU MIDI
Hamelin Fréres
—
1889

RAPPORT

SUR UN PROJET

DE NOUVELLE ORGANISATION

DES ÉTUDES DE DROIT

Présenté à l'Assemblée de la Faculté de Droit de Montpellier

PAR

M. MEYNIAL, Agrégé

MONTPELLIER

IMPRIMERIE CENTRALE DU MIDI

Hamelin Frères

1889

Ⓒ

RAPPORT

SUR UN PROJET

DE NOUVELLE ORGANISATION

DES ÉTUDES DE DROIT[1]

MESSIEURS,

L'étude du projet d'organisation de la licence en droit[2] sur lequel vous êtes appelés à émettre votre avis, comporte d'abord la solution d'une première question : y a-t-il lieu de donner une extension plus grande à l'enseignement du droit administratif en particulier, ou plus généralement du droit public dans les Facultés de droit ? Votre Commission a répondu affirmativement sans hésiter.

Il est à peine besoin de démontrer combien, à une époque où la direction des affaires publiques appartient à tous, il est souhaitable de voir se répandre la

---

[1] Membres de la Commission : MM. Brémond et Pierron, professeurs, et M. Meynial, agrégé.

[2] Lettre ministérielle en date du 12 janvier 1889.

connaissance et de l'organisation politique et administrative existante, et des règles qui en assurent le fonc-
tionnement satisfaisant; comment l'ignorance de ces
principes par la classe moyenne, qui fournit la clientèle
habituelle des Faculés de droit, peut conduire à de véri-
tables désastres; comment, enfin, l'absence de codi-
fication et la transformation incessante et rapide de
toute cette législation en rend l'intelligence difficile
sans enseignement. Le droit public ne tient aujour-
d'hui qu'une place singulièrement restreinte, puisque,
pour une matière dont l'étendue est peut-être aussi
grande que celle du droit privé, quelques cours à peine
sont consacrés à son étude. Cette lacune est d'autant
plus regrettable que le diplôme de licencié en droit
est un de ceux qu'on exige le plus souvent pour ouvrir
aux jeunes gens l'entrée des carrières administratives.
Il en résulte pour eux la nécessité de se livrer par la
suite à de nouvelles recherches auxquelles, à défaut
de direction, ils doivent consacrer un temps considérable dont une partie au moins aurait pu être économi-
sée. Il est, d'autre part, évident que cet enseignement
ne saurait être placé ailleurs que dans les Facultés
de droit, puisqu'il n'est que l'extension d'un enseignement qui y est déjà sommairement donné.

Le principe ainsi admis, il reste à en réglementer
l'organisation.

M. le Ministre est amené à reconnaître dans le programme actuel de la licence en droit un fonds d'études
primordiales et essentielles, autour duquel se sont suc-
cessivement annexées des matières nouvelles, ou duquel certaines se sont dégagées pour gagner en importance et en durée.

Il se propose de laisser subsister presque sans modification les deux éléments de ce programme pour les
jeunes gens qu'attire le droit privé et de créer, pour
ceux qui préfèrent le droit public, un nouveau type où,

en conservant les matières essentielles du premier programme, on remplacerait celles qui s'en sont dégagées ou s'y sont annexées par des matières de droit public et administratif. Chacun de ces deux types d'études ayant un fonds commun conduirait à un grade unique donnant entrée dans les mêmes carrières. On arriverait ainsi à maintenir l'unité de la licence en droit, tout en permettant à chacun, pour y parvenir, de suivre la pente naturelle de son esprit.

Votre Commission accepte la conception de M. le Ministre comme idée directrice dans la rédaction des programmes. Mais elle estime qu'il y a lieu de distinguer plus nettement les deux types d'études et de créer deux licences, l'une dite judiciaire et l'autre dite administrative. Chacune d'elles conduirait à des carrières différentes, et il y aurait lieu d'en faire le départ. C'est à l'étude détaillée de chacun de ces deux points que votre Commission vous convie maintenant.

I

Le problème de l'organisation et du classement des divers enseignements semble à votre Commission résolu d'une manière satisfaisante dans le projet qui vous est soumis, et nous ne vous proposerons à ce sujet que quelques amendements de détail. En première année, nous avons accepté la communauté de l'enseignement aux deux types d'études, la séparation ne s'opérant qu'à partir de la seconde année. On pourrait évidemment exiger de l'étudiant un choix dès le début de ses études, et son option ne serait pas bien prématurée, puisque ce n'est déjà que par une décision aussi peu éclairée qu'il s'est engagé dans l'étude des sciences juridiques. Mais il nous a paru qu'il n'y avait à cela que fort peu d'avantages, car la première année ne

forme qu'une introduction à l'étude du droit, aussi nécessaire aux uns qu'aux autres. Ce caractère général
est encore accentué par le transfert du cours d'économie politique de la deuxième année, où il est aujour-
d'hui, en première année, et par la modification du
cours d'histoire du droit, qui, couronné par l'étude du
droit constitutionnel, malheureusement si négligé aujourd'hui, devient véritablement la meilleure préface à
tous les enseignements postérieurs.

C'est pour l'organisation nouvelle de l'enseignement
du droit romain que le plus d'hésitations se sont pro-
duites parmi nous. L'enseignement du droit romain
en première année étant commun à tous les étudiants,
et étant le seul dont soient appelés à bénéficier, durant
le cours de leurs études, les licenciés de la section administrative, le professeur se verra obligé de parcourir,
durant cette année, l'ensemble de cette législation. Et
alors le cours de droit romain, imposé en seconde année aux étudiants de la section judiciaire, ne pourra
être que le développement d'une matière spéciale, choi-
sie parmi celles déjà enseignées l'année précédente.
De là, comme un sectionnement dans tout cet enseignement, un défaut de continuité fâcheux. Votre Commission aurait préféré conserver au cours de droit romain de la licence judiciaire son caractère et son programme bisannuel antérieurs. Il aurait fallu, dans ce
cas, créer un nouveau cours de droit romain d'une
année, réservé à ceux qui se destinent à la licence administrative. Bien que cette solution nous paraisse supérieure à celle du projet ministériel, l'indiscrétion
qu'il y aurait peut-être, au moment où tant de créa-
tions nouvelles s'imposent, à en réclamer une de plus,
a fait que nous avons accepté, comme pis aller, l'organisation qui vous est soumise. Toutefois nous serions
heureux de voir étudier le droit romain dans le cours
commun de première année, non pas comme introduc-

tion à l'étude du droit français, non pas exclusivement dans ses parties qui se rapprochent le plus de notre législation, mais d'une manière plus largement historique, tout aussi bien en s'attachant à montrer par quelle organisation sociale et économique particulière se justifient, à cette époque, les institutions disparues.

La deuxième année judiciaire ou administrative n'a donné lieu à aucune observation digne d'être mentionnée et est acceptée sans réserve par votre Commission.

Quant à la troisième année, il nous semble d'abord indispensable de donner à chaque enseignement un cours particulier de droit commercial. Pour la licence judiciaire, il resterait ce qu'il est aujourd'hui. Pour la licence administrative, il y aurait au contraire le plus grand profit à le transformer en un cours de droit commercial terrestre et maritime comparé. En effet, l'utilité du droit commercial pour certaines carrières administratives, comme celle des consulats par exemple, existe surtout pour sa partie internationale, et l'intelligence de cette partie exige des connaissances beaucoup plus larges et plus variées en même temps que moins approfondies que les autres.

Le droit d'option entre divers cours, accordé en troisième année, nous paraît être une innovation heureuse. Quant à l'énumération de ces cours, nous y apporterions volontiers quelques changements. Pour la licence judiciaire, il nous a semblé que le droit international privé serait, sans inconvénient, transformé en un cours semestriel, les notions essentielles relatives au conflit des lois pouvant se résumer assez rapidement. Cela permettrait d'ajouter, pendant les six autres mois, quelques notions d'histoire du droit privé, d'autant plus utiles que le cours d'histoire du droit de première année ne suffirait plus à cette tâche. Pour la licence

administrative, au lieu d'un cours obligatoire de droit
des gens durant un semestre et d'un cours facultatif de
droit des gens approfondi de même durée, il serait
plus simple d'imposer à tous un cours annuel et com-
plet de droit des gens. Il resterait encore à l'étudiant
la faculté de choisir deux cours semestriels pour compléter le tableau de son examen. La législation coloniale et l'économie coloniale nous paraissent suscepti-
bles d'être enseignées en un seul cours semestriel. En
économisant ainsi un cours semestriel, on pourrait,
pour en compléter le nombre, y ajouter un cours de
statistique, si souvent réclamé sans succès chez nous,
et que cependant on retrouve dans bien des universi-
tés étrangères.

Nous aurions ainsi le tableau suivant :

Première année commune à tous

Droit romain, étudié dans son histoire.
Code civil.
Economie politique.
Histoire générale du droit français (1er semestre).
Droit constitutionnel (2e semestre).

Deuxième année

Enseignements communs :
Code civil.
Droit administratif.

Enseignements spéciaux :

Licence judiciaire	Licence administrative
Droit romain	Science et législation financières.
Procédure civile.	Organisation judiciaire et procédure civile (1er semestre).
	Droit criminel (2e semestre).

Troisième année

Enseignement commun :

Code civil.

Enseignements spéciaux :

Droit commercial.
Droit criminel. } cours annuels.

Droit international privé. (1er semestre).

Histoire du droit privé (2e semestre).

Droit commercial terrestre et maritime comparé.
Droit des gens. } cours annuels et obligat.

Droit administratif approfondi comparé.
Législation coloniale et économie coloniale.
Législation industrielle.
Statistique. } cours semestr. et à option

Telles sont, Messieurs, les légères modifications que nous avons cru devoir apporter au projet qui vous est soumis. Si nous n'estimons pas qu'il y ait lieu d'y trop insister, c'est que, en présence d'une telle variété d'enseignements, il serait facile aux divers professeurs de combler les lacunes en donnant à leur enseignement telle orientation qui leur semblerait la meilleure et en n'hésitant pas à user, suivant les circonstances, d'une liberté que nous réclamons presque illimitée.

Il est, au contraire, d'autres points sur lesquels il nous a paru beaucoup plus indispensable de retenir votre attention.

II

Le projet qui vous est soumis accorde au diplôme, qui serait délivré aux candidats de l'un et de l'autre groupe, une égale valeur et l'investit de toutes les prérogatives attachées au diplôme délivré après des études uniques. C'est ce que je désigne sous le nom de *principe de l'unité du diplôme*. La conséquence pratique, c'est que les deux diplômes, ne différant que par une mention officieuse qui y serait inscrite, ouvriraient l'entrée des mêmes carrières, le diplôme administratif par exemple pouvant servir à obtenir même un poste dans la magistrature. On estime que, parmi les études juridiques sanctionnées par le diplôme, il faut faire une distinction. L'instruction juridique est pour ainsi dire complète quand l'étudiant s'est assimilé les principes généraux enseignés à tous, quand il a parcouru la partie du programme commune aux deux sections du droit. Quant à la partie spéciale à chacun des diplômes, elle n'a d'autre but que d'apprendre à l'étudiant, à l'occasion d'une branche déterminée de la science juridique, par quelle méthode, à l'aide de quels procédés on peut approfondir les notions générales et succinctes qui lui ont été données. Peu importe, dès lors, qu'on ait pris comme sujet d'expérience telle branche du droit privé ou telle autre du droit public. Le résultat est sensiblement le même : l'étudiant a reçu la même instruction et une culture juridique équivalente ; il est donc en état de remplir l'une quelconque des fonctions auxquelles le titre de licencié ouvre la porte. C'est d'ailleurs un régime analogue qui est appliqué à la licence ès lettres.

Au sujet d'abord de l'assimilation qu'on prétend établir entre la licence en droit et la licence ès lettres, il est une remarque à faire, c'est que l'importance pratique du principe de l'unité est singulièrement limitée pour la licence ès lettres. D'une part, il signifie que toutes les agrégations sont ouvertes au licencié ; d'autre part, qu'un licencié peut être nommé à un poste quelconque dans l'enseignement secondaire. Or il n'y a guère d'inconvénient à la première application, puisque le diplôme ne sert ici qu'à constater une instruction

générale la même pour tous, l'instruction spéciale devant être prouvée par les épreuves du concours lui-
même. Quant à la seconde, ses conséquences en sont
bien atténuées, parce qu'on est en général persuadé
qu'on est tenu de connaître ce qu'on enseigne et que
la mention spéciale a, en fait, toute la valeur d'un diplôme particulier : il ne vient à l'idée de personne de
choisir un philosophe pour une chaire d'histoire, et ré-
ciproquement. Or il est bien loin d'en être de même
pour les carrières juridiques. D'une part, en effet, il
est rare qu'un examen professionnel supplémentaire
soit nécessaire pour franchir la porte d'une adminis-
tration. Et puis, il existe parfois ce préjugé que le bon
sens suffit à former un administrateur ou un juge, en
sorte que, si la faculté de nommer magistrat un jeune
homme qui se serait livré à des études administratives
existait, on ne se ferait nullement scrupule d'en user.

Ce point admis, il reste à voir s'il est vrai de dire
que chacun des diplômes atteste des connaissances suf-
fisantes à chacune des carrières ouvertes. Votre Commission pense que non. Elle estime notamment qu'une
période de six mois seulement, consacrée au droit pénal et qu'une période égale pour l'étude de la procédure sont insuffisantes à un magistrat, et que l'absence
d'études romaines sérieuses lui serait également fort
préjudiciable. Qu'autrefois on ait pu n'exiger des futurs
magistrats que six mois de droit pénal et six mois de
procédure, cela ne prouve pas qu'aujourd'hui il soit
permis de revenir à ces errements. Outre l'augmentation résultant des lois nouvelles accumulées, outre le développement naturel de l'exégèse des textes qu'il faut
pourtant un peu connaître, les notions les plus générale-
les ont été, depuis cette époque, explorées dans leurs
détails, analysées profondément, et ce qui suffisait autrefois, encore satisfaisant pour un administrateur, est
tout à fait insuffisant pour celui dont la mission est

d'appliquer les lois pénales. C'est avec bien plus de raison encore qu'on signalerait la lacune fort regrettable que causerait l'ignorance du droit romain, de ses procédés de logique et de raisonnement. Enfin, ce qu'il faut surtout remarquer, c'est qu'en considérant même les notions générales communes à tous comme équivalentes et suffisant à tout, la culture intellectuelle, l'éducation juridique qui résulte de l'étude du droit public est bien différente de celle que donne le droit privé. Ces deux portions du droit sont presque entre elles dans la même relation que les sciences exactes et les sciences expérimentales. En droit privé, tout est déduction logique, rigoureuse, mathématique; en droit public, tout est examen des faits, observation des résultats pratiques, sans règle bien arrêtée, sans contours précis et rationnels. Ne serait-il pas dangereux de permettre l'application des procédés d'une des deux branches du droit dans les professions qui relèvent naturellement de l'autre? En tout cas, même en admettant que ce danger est chimérique, toujours est-il que personne ne peut nier qu'il soit préférable à un magistrat de s'être livré à l'étude du droit privé plutôt qu'à celle du droit public, et, si cela est préférable, pourquoi, sur la foi d'un principe abstrait d'unité, s'abstenir de l'exiger? En somme, Messieurs, votre Commission pense que l'absence d'examens spéciaux à l'entrée de chaque carrière oblige les Facultés de droit à conserver à leur enseignement son caractère professionnel, et elle estime qu'à ce point de vue l'enseignement projeté pour la section administrative ne répond pas aux besoins des carrières de la magistrature et du barreau, et inversement.

Et puis, peut-être bien le succès de toute cette réforme serait-il mieux assuré par un sectionnement plus ouvertement accompli. Il est en effet à craindre que les études administratives, à raison de leur caractère moins abstrait, soient d'abord réputées plus facilement accessibles. Si elles conduisent aux mêmes résultats que les autres, on verra peut-être s'accomplir à leur détriment une sélection à rebours, tous ceux qui se sentent quelque courage hésitant à s'engager dans des études considérées comme inférieures et à se classer de leur plein gré dans la catégorie réputée subalterne. Une pareille répartition des étudiants aurait pour résultat de rendre rapidement réelle l'infériorité des études administratives, d'abord imaginaire, et de justifier la mode. Au contraire, assurer à chaque série d'études l'entrée de professions distinctes, c'est donner à chacun un motif de classement différent, c'est fonder sur des raisons sérieuses le partage des étudiants. Si, malgré cela, quelque discrédit s'attachait à l'une ou à l'autre des deux licences, toujours est-il que l'unité du diplôme, loin de la faire disparaître, n'aurait abouti qu'à la rendre plus sensible.

Telles sont, Messieurs, les considérations qui poussent votre Commission à demander la création de deux licences distinctes, l'une ès sciences judiciaires, l'autre ès sciences administratives.

Ce n'est pas à dire d'ailleurs que nous interdisions toute relation entre les deux diplômes. Il semblerait à votre Commission d'une rigueur déraisonnable d'astreindre le jeune homme, pourvu d'un des deux diplômes, à trois nouvelles années d'étude pour obtenir le second, comme s'il était complétement étranger au droit. L'option faite par le candidat au début de la seconde année pouvant n'être que peu éclairée, il importe de permettre de réparer facilement l'erreur. D'autre part, certaines études étant communes aux deux licences, il serait superflu, après l'obtention de l'une, d'imposer, pour arriver à l'autre, la répétition d'épreuves déjà subies. Il serait aisé de tenir compte de ces considérations, en exigeant seulement, pour l'obtention du second diplôme, un supplément d'études d'une année, à la fin de laquelle le candidat aurait à répondre sur les matières spéciales à la licence qu'il postulerait. Cela n'entraînerait pas une perte considérable de temps, puisque quatre années permettraient d'acquérir les deux diplômes. Pour le licencié ès sciences judiciaires, le supplément administratif comprendrait le cours de science financière, le cours de droit des gens et quatre cours semestriels à son choix, ou deux cours semestriels et le cours annuel de droit commercial comparé. Le licencié ès sciences administratives devrait étudier, pour obtenir le second diplôme, le droit romain professé en seconde année, la procédure civile et le droit criminel tels qu'on les enseignerait en licence judiciaire, et enfin le droit international privé et l'histoire du droit privé.

Votre Commission désirerait enfin que l'on permît l'accès des grades juridiques aux candidats munis du baccalauréat ès sciences et de celui de l'enseignement spécial. Il serait ici encore indispensable de ne créer aucune différence entre les deux licences. Le rôle désormais restreint du droit romain nous a poussés à croire que la culture classique exigée du candidat à ces baccalauréats suffirait à l'étude qu'on lui impose.

III

Le projet ministériel est muet sur le sort du doctorat dans l'organisation nouvelle. Ce qu'on peut en conclure, c'est qu'il resterait tel qu'il est aujourd'hui pour ceux qu'auraient attirés les sciences judiciaires [1],

---

[1] Il y aurait cependant lieu de rendre facultatif le cours de droit constitutionnel aujourd'hui obligatoire pour le troisième examen, puisque le droit constitutionnel ferait déjà l'objet d'une interrogation en première année de licence.

et c'est en outre que les licenciés administratifs ne
pourraient acquérir le grade de docteur qu'au moyen
des mêmes épreuves. Cela n'a rien sans doute qui
trouble l'harmonie du projet ministériel. Le titre de
licencié étant unique et les connaissances acquises réputées équivalentes, il n'y a logiquement aucun obsta-
cle à imposer les mêmes études pour arriver à une culture juridique supérieure. L'option laissée aux candidats à la licence n'était qu'une concession aux exigences
professionnelles ; dès qu'elles sont satisfaites, on peut
comprendre le retour à l'uniformité des études. Toutefois, même avec la conception ministérielle de la
licence, une autre réglementation se comprendrait aussi.
Pourquoi, de même que l'étude approfondie de matières diverses choisies au gré de l'étudiant est regardée
pour la licence comme conduisant à la même culture
juridique, que ces matières appartiennent au droit
privé ou au droit public, de même n'y aurait-il pas
diverses voies pour arriver à acquérir cette éducation
supérieure qu'atteste le titre de docteur? On conce-
vrait même une place plus large encore faite à l'option des étudiants pour le doctorat. Car, à mesure que
l'étudiant progresse dans la science du droit, que son
instruction se complète, le rôle du professeur est de
plus en plus un rôle d'éducateur, et c'est pour ce rôle
surtout que le choix des matières qui illustrent l'enseignement est indifférent. Cette option se justifie,
d'autre part, de plus en plus à mesure que le choix de
l'étudiant devient plus éclairé, à mesure qu'il est plus
nécessaire à ses propres progrès qu'il ne se livre qu'à
des recherches, que ses aptitudes et ses goûts lui ren-
dent plus faciles. Pourquoi donc le droit romain, par
exemple, qu'on juge susceptible d'être suppléé en licence par des études de droit public, ne serait-il pas
jugé de même pour le doctorat?

Quoi qu'il en soit à ce sujet, votre Commission ayant

abandonné la conception ministérielle de l'unité de la licence et ayant estimé, au contraire, que l'étude du droit public et celle du droit privé développent des habitudes d'esprit différentes, que c'est par suite à tort qu'on voudrait assimiler les résultats des deux enseignements, n'a pu avoir la pensée de soumettre les licenciés administratifs aux épreuves du doctorat de droit privé actuel. Ce serait leur imposer des études qui sont le complément et le développement d'autres auxquels ils sont étrangers. Elle a donc eu à résoudre cette alternative : ou bien réserver le grade de docteur aux licenciés judiciaires en maintenant son organisation actuelle, ou bien créer à côté du doctorat judiciaire un nouveau grade dit *doctorat ès sciences administratives*. C'est à cette seconde solution qu'elle s'est arrêtée. Nous estimons, en effet, qu'une égalité aussi parfaite que possible doit être établie entre les deux licences, et qu'obliger les licenciés ès sciences administratives à se munir, pour parvenir au doctorat, du diplôme de licence ès sciences judiciaires, en consacrant une quatrième année d'études à l'obtenir, ce serait contribuer à la dépréciation de la licence administrative. En outre, il nous paraît difficile d'admettre, que l'étude approfondie des sciences administratives et politiques ne puisse conduire à un degré de culture intellectuelle, qui justifie l'octroi du grade de docteur.

Quant à l'organisation de ce doctorat, on pourrait y procéder en empruntant au doctorat actuel quelques-unes de ses parties et en en ajoutant de nouvelles. Le second examen portant sur le droit civil et son histoire pourrait être conservé et placé au début. Quant au droit privé romain et à son histoire, qui forment la matière du premier examen, il serait écarté et remplacé par des études à déterminer par application de deux idées. D'abord en droit public, comme en droit privé, l'histoire est la base fondamentale de toute étude scientifique, et il faudrait en exiger des candidats une connaissance sérieuse. Mais c'est d'histoire du droit public romain et du droit public français, surtout depuis le XVIe siècle, qu'il devrait être question, les modifications du droit public étant constamment mises en regard des changements que relate l'histoire politique. D'autre part, il est remarquable que les institutions du droit public ont un caractère bien moins immuable que celles du droit privé. Il en résulte que dans toutes les législations, à raison même du changement plus rapide des institutions, de l'élaboration plus incomplète des théories qu'elles réalisent, le droit public n'est jamais arrivé à une aussi grande perfection technique, à une adaptation aussi logiquement parfaite aux besoins à satisfaire que le droit privé. Il serait dès lors chimérique de chercher dans l'étude du droit public romain, comme dans celle du droit privé, un instrument destiné à perfectionner le sens logique, à affiner l'esprit d'analyse et de déduction mathématique. Ce ne sont peut-être pas d'ailleurs les qualités maîtresses d'un administrateur. Le droit public romain ne devrait alors apparaître qu'au même titre que les autres législations. A ce point de vue, les législations étrangères donneraient dans le présent l'enseignement que l'histoire donne dans le passé, et c'est parce que le seul but à poursuivre serait la connaissance des variations concordantes des institutions politiques et administratives et des milieux économiques et sociaux où elles se produisent, qu'il faudrait faire une large place au droit public comparé. Le troisième examen resterait composé de matières choisies par l'étudiant parmi les matières administratives et économiques, et la thèse devrait exposer un sujet de droit public au triple point de vue historique, économiques et des législation comparées.

En présence d'un sectionnement aussi franchement accompli entre les sciences judiciaires et les sciences

administratives, en reconnaissant que l'étude des sciences administratives devrait être faite à un point de vue différent de celles des sciences judiciaires, il est une mesure qui s'impose comme le couronnement de toutes les autres, c'est le sectionnement des agrégations. Aujourd'hui, l'unité des épreuves d'agrégations se justifie parce que l'enseignement actuel est presque exclusivement de droit privé. Mais en faisant au droit public une part égale à celle du droit privé, il serait vraiment dangereux de ne pas apporter dans cet enseignement des tendances d'esprit différentes. A côté des épreuves communes aux deux sortes d'agrégation, il serait d'ailleurs facile d'en introduire de spéciales à chacune d'elles. Il ne saurait rentrer dans le cadre de ce rapport d'élaborer un programme à ce point de vue et votre Commission s'est bornée à signaler l'intérêt qu'il y aurait à exiger, à côté des notions de droit public comparé, la connaissance d'une langue étrangère.

IV

La création d'une double agrégation ferait encore plus souhaiter l'adoption du principe de la titularisation personnelle, en rendant chacun moins apte encore à changer d'enseignement suivant les hasards des vacances. Même en conservant le système actuel d'une agrégation unique, cette modification est encore désirable dans le double intérêt de l'enseignement et du personnel enseignant. S'il est vrai, en effet, qu'au sortir du concours d'agrégation, le jeune professeur, qui cherche encore sa voie, se plie assez aisément aux nécessités de l'enseignement qui lui est imposé et, s'y livrant tout entier, acquiert vite les qualités d'esprit spécialement utiles pour cette étude, en sorte que la

période d'initiation, toujours préjudiciable à un bon
enseignement, est abrégée par l'ardeur de la jeunesse
et la souplesse d'esprit que donne une culture générale, toujours est-il qu'après de longues années passées
dans l'étude d'une branche du droit, alors que toutes
les pensées ont pendant longtemps convergé vers un
but unique et précis, après que l'esprit a pour ainsi
dire pris une forme définitive et la mieux adaptée, la
plus propre à des recherches fructueuses, il est difficile
de briser en un jour le moule qu'on a mis longtemps
à couler, et il est peut-être plus pénible et plus long
encore de se créer de nouvelles habitudes de pensée.
Les conséquences du mode actuel de titularisation
sont peut-être plus fâcheuses encore pour les cours
non pourvus de chaires magistrales, puisque leur enseignement en est toujours confié à de jeunes agrégés
qui, ayant hâte de les abandonner, ont bien soin de
ne pas s'y livrer tout entiers et de conserver, s'il est
possible, quelque aptitude générale pour la chaire
quelconque qui leur adviendra.

Ces raisons suffisent à justifier le principe dont M.
le Ministre vous propose l'introduction[1]. Mais votre
Commission désire appeler votre attention sur deux
écueils qu'il y aurait le plus grand intérêt à éviter.
D'abord, le nombre des professeurs titulaires étant à
l'avenir fixé sans aucune relation avec celui des enseignements, il est peut-être à craindre qu'on se laisse
par la suite entraînor à augmenter le nombre des cours

---

[1] Si cependant l'organisation actuelle devait persister, la Faculté
serait désireuse d'appeler l'attention bienveillante de M. le Ministre
sur l'inconvénient qu'il y a à user d'un procédé de présentation différent selon que le titulaire est nommé à une chaire déjà créée ou à une
chaire nouvelle, ou est transféré d'une chaire à l'autre. C'est seulement l'application à ces trois cas du système usité dans le premier
qui permettrait aux candidatures étrangères de se produire, la publi-
cité faisant défaut dans les deux autres.

sans augmenter celui des titulaires, les deux choses devant sembler entièrement indépendantes. Avec l'organisation actuelle, un cours sans chaire est en somme une anomalie, et c'est là une garantie qui disparaîtrait dans le nouveau système. On aurait peut-être tort de ne pas prévenir un pareil résultat, car, en augmentant le nombre des chargés de cours non titulaires, en rendant plus difficile l'arrivée à la titularisation, en diminuant les avantages de la situation offerte aux agrégés, on rendrait leur recrutement moins satisfaisant. Beaucoup de jeunes gens, et des meilleurs, abandonneraient cette carrière, et la sélection, s'opérant sur un moins grand nombre, ne donnerait que des résultats inférieurs. En outre, à force de reculer la date de la titularisation, on rendrait plus impatient de l'obtenir et on s'exposerait à provoquer des compétitions fâcheuses. Votre Commission vous prie donc de demander à M. le Ministre d'ajouter, comme première annexe à sa proposition, la détermination d'une proportion fixe et invariable devant toujours exister entre le nombre des titulaires et celui des enseignements, en sorte que l'accroissement des enseignements entraîne de plein droit celui des titulaires.

En second lieu, la titularisation personnelle, avec l'organisation actuelle, aurait pour résultat d'empêcher la candidature d'un professeur d'une Faculté de province à une chaire de Paris de se produire avec quelque chance de succès. Aujourd'hui, la raison qui fait parfois préférer un professeur de province, c'est qu'il s'agit de pourvoir à un enseignement déterminé pour lequel la compétence du titulaire de province, qui professe déjà cette matière, est supérieure à celle de l'agrégé de Paris, qui a jusqu'alors été chargé d'un enseignement la plupart du temps différent. Le système de la titularisation personnelle rendrait, en général, cette préférence injustifiable, puisque l'agrégé choisi pourrait attacher son titre à l'enseignement qu'il donne déjà. La lutte entre son rival de province et lui serait véritablement trop difficile à juger, puisqu'il faudrait classer, non plus deux aptitudes à un enseignement déterminé, mais deux esprits souvent également opposés par leurs tendances et également propres à des enseignements divers. Comment une Faculté consentirait-elle, sur d'aussi vagues indices, à constater la défaite d'un de ses membres? Et cependant il est indéniable que l'espoir d'un retour à Paris est, encore aujourd'hui, un des stimulants les plus efficaces pour les professeurs de provinces. Pour ceux, notamment, que le hasard du concours a jetés sur une partie inconnue du territoire, dans une région où rien ne les attache, Paris est le centre commun de toutes leurs ambitions. En l'absence presque complète de hiérarchie, c'est, en somme, le seul avantage matériel, la plus haute consécration scientifique qu'on puisse prendre à cœur d'obtenir. Il serait donc regrettable de voir fermer l'entrée de la Faculté de Paris à tous les titulaires de provinces. Aussi votre Commission estime-t-elle que la titularisation personnelle exigerait l'adoption d'un régime spécial à la Faculté de Paris. On pourrait conserver pour elle le mode actuel de titularisation et ne lui plus attacher, en qualité d'agrégés à titre temporaire, que de jeunes gens qui devraient, avant d'y revenir comme professeurs, avoir été titularisés dans une Faculté de province, où ils auraient donné leur mesure. La création de la section de droit public et l'augmentation du nombre des chaires, qui en résultera sans doute, permettraient de donner une légitime satisfaction à tous ceux à qui leur qualité actuelle d'agrégés près la Faculté de Paris donne un droit acquis à la titularisation.

Telles sont, Messieurs, les propositions de votre Commission.

Elle ne vous demande, quant à la rédaction du tableau des cours, que de légères modifications au programme ministériel.

Elle désire, au contraire, que les deux examens de licence soient entièrement distincts l'un de l'autre, qu'un doctorat nouveau fasse suite à la licence administrative et que le concours d'agrégation lui-même soit différent pour ceux qui aspirent à enseigner le droit public et pour ceux qui préfèrent enseigner le droit privé.

Elle accepte enfin la titularisation personnelle sous deux restrictions : 1° fixation d'une proportion entre le nombre des enseignements et celui des titulaires ; 2° conservation du mode actuel de titularisation pour la Faculté de Paris.

Elle vous prie, en outre, de rappeler respectueusement à M. le Ministre que, pour l'organisation intérieure de l'enseignement et le régime des examens, la Faculté confirme les vœux déjà exprimés dans les rapports de M. Charmont en 1886 et de M. Chausse en 1887.

Les conclusions de ce rapport ont été approuvées par l'assemblée de la Faculté dans sa séance du 23 mars 1889, après discussion dans les séances des 23 janvier, 5 février et 9 février 1889.